DISCOURS CIVIQUE
SUR LES MŒURS,

Prononcé à Paris, Décadi 30 Germinal, An deuxieme de la République Françoife, dans le Temple de la Raifon & dans l'Affemblée générale de la Section Chalier,

<blockquote>Par un Citoyen de cette Section.</blockquote>

DISCOURS CIVIQUE
SUR LES MŒURS,

Prononcé à Paris, le 30 Germinal, An deuxieme de la République Françoise, dans le Temple de la Raison & dans l'Assemblée générale de la Section Chalier, par un Citoyen de cette Section.

CITOYENS,

Avant notre sublime Révolution, les François, qui vivoient dans l'esclavage, parloient souvent de mœurs ; mais un très-petit nombre les mettoit en pratique : les Républicains en parlent peu, parce qu'ils les pratiquent davantage.

Oui, les mœurs sont le vrai fondement de la prospérité des Empires.

Les Loix, les devoirs conduisent l'homme au Sénat, dans les places, dans les camps ; mais elles le laissent à la porte de sa maison, & c'est là qu'il entre sous le regne des mœurs ; c'est là que le Citoyen, le Législateur, le Magistrat n'est plus enfin qu'un homme ; c'est là qu'aux grands intérêts de la Patrie succedent

A ij

tout à coup les douceurs de la Société. Le cœur humain cesse d'être agité de ces mouvemens impétueux qui donnent à la vertu même le caractere de passion : rendu à lui-même, le cœur laisse couler ses sentimens doux & paisibles sur le penchant uniforme de la Nature.

Le bon Citoyen, l'homme vertueux, toutes les fois qu'il rentre dans sa maison, se dit à lui-même : » Il
» est nuit ; j'ai travaillé tout le jour pour ma Patrie
» & pour mes devoirs ; mais voici le moment où je vais
» être payé de tout ; je vais retrouver ma femme, mes
» enfans, ma famille. A ces noms chers & sacrés, je
» sens tressaillir tout mon cœur, mes pieds m'entraînent
» où mon ame est déjà : je vais me réunir à moi-
» même ; tous m'aiment, tous m'attendent, & je suis
» sûr que déjà vingt fois mes enfans ont interrompu
» leurs jeux innocens, pour demander à leur mere,
» avec inquiétude, si leur pere tarderoit encore long-
» temps. A peine ils me verront, que je n'entendrai
» qu'un cri de joie ; tous leurs regards, toutes leurs
» caresses seront pour moi, & je leur prodiguerai
» toutes les miennes : je les serrerai dans mes bras,
» tous ensemble, tous l'un après l'autre : assis à la même
» table, sans doute ils me demanderont compte de
» ma journée, & tout mon cœur leur sera ouvert ;
» je leur dirai ma joie & mes chagrins. Mon pre-
» mier soin sera d'entretenir les plus grands des suc-
» cès de la République, du gain d'une bataille, des
» actions héroïques de nos freres, des Loix bienfai-

» santes de nos Législateurs : puis m'adressant aux
» plus petits, je descendrai à des objets moins im-
» portans, mais non moins intéressans, car les vertus
» en seront la base; je leur parlerai des traits de bien-
» faisance que j'aurai recueillis, de l'amour filial, de
» la satisfaction qu'on goûte à remplir ses devoirs,
» enfin des amusemens qui n'entraînent avec eux au-
» cuns regrets. Les yeux attachés sur moi, ils m'é-
» couteront avidement ; ils pâliront à ma moindre
» peine; ils s'entreregarderont en souriant à mes moin-
» dres plaisirs : un baiser sera le signal de la retraite,
» & ils ne pourront s'en consoler que par l'espoir de
» retrouver le lendemain auprès des auteurs de leurs
» jours même accueil, même tendresse «.

Citoyens, tels sont les fruits des mœurs républicaines : les esclaves de la tyrannie ne les goûteront
jamais. Chez eux, les hommes s'abordent avec tant de
froideur, qu'on les croiroit inconnus l'un à l'autre.
Sont-ce des parens qui doivent s'aimer, ou des ennemis qui se craignent ? Voyez-les en famille ; pere,
mere, épous, enfans, tous se taisent : quel affreux
silence ! Ainsi se taisoit sans doute la famille d'Atrée.
Infortunés ! vous croyez que je vous outrage ? non,
mais je vous plains. C'est un grand malheur pour des
hommes, de n'être pas sensibles. Vous ne vous aimez
pas ! vous ne vous êtes jamais aimés ! mourez donc,
puisque vous ne savez pas vivre. Le Républicain, au
contraire, ne peut faire un pas sans trouver un ami,
un frere ; & ces mots, *tu*, *toi*, en nous rappelant que

A iij

nous sommes tous égaux, semblent nous lier davantage, & nous commander l'estime & l'amitié que les bons Citoyens doivent avoir les uns pour les autres : ces témoignages mutuels semblent nous dire que nos intérêts sont communs, que nous avons tous les mêmes vertus, le même courage, & que notre union est nécessaire pour donner au monde la liberté & le bonheur.

Nos mœurs sont tellement changées, que le mot *vous* est presque une injure pour le Patriote, & qu'il n'est plus réservé qu'aux ennemis de la République & aux hommes qu'on méprise. Qu'ils sont méprisables, en effet, ceux qui se croyoient grands, parce qu'ils étoient riches, qui se croyoient seuls libres, parce qu'ils vouloient nous rendre esclaves ! Ces hommes, que dis-je ? ces monstres prétendoient aux honneurs, à la gloire, & ils n'avoient ni mœurs, ni honneur, ni vertus ; ceux qui avoient le malheur de les approcher, de vivre sous leur dépendance, étoient obligés de s'en dépouiller pour leur plaire : ils corrompoient tout ce qui les environnoit. Ces êtres si fiers, si orgueilleux n'oublioient leur grandeur que pour se livrer au crime, que pour satisfaire les passions les plus honteuses : ceux qui concouroient à leurs plaisirs étoient seuls leurs bien-aimés, c'étoient des hommes charmans ; mais l'homme vertueux, mais celui qui avoit des mœurs, n'étoit bon à rien ; il étoit l'objet de leurs railleries, de leurs dédains, souvent même de leurs persécutions ; enfin il déplaisoit, & c'étoit un grand crime.

Enfin le regne des vertus & des mœurs succede à

tant d'infamie : la vertu, les mœurs font à l'ordre du jour ; nos fages Légiflateurs l'ont proclamé par un Décret folemnel, & déjà ces nobles fentimens enflamment tous les cœurs. Les beaux jours de SPARTE & d'ATHENES commencent à luire fur notre horizon. L'inftruction publique, une éducation uniforme feront que tous les Citoyens feront également inftruits, & que tous auront la faculté de fervir également leur Patrie, fuivant les talens que chacun aura reçus de la Nature, & que l'éducation ne manquera pas de développer.

Avec des mœurs, nous aurons des hommes vigoureux & des ames énergiques : la force des corps & l'énergie des cœurs font des foldats invincibles, que dis-je ? font des héros ; & depuis long-temps nous prouvons cette grande vérité aux efclaves des Tyrans & aux ennemis de la Liberté.

Ces hommes de Cour étoient bien aveugles. Avoient-ils befoin d'un ami ? ils alloient chercher au Théâtre ORESTE & PYLADE : vouloient ils avoir une idée d'une époufe tendre & fidelle ? c'étoit encore au Théâtre qu'ils alloient voir MÉROPE & ANDROMAQUE. Les infenfés ! ils alloient chercher en fiction ce qu'ils avoient près d'eux en réalité. C'étoit chez le Peuple, c'étoit dans une fimple chaumiere qu'ils auroient trouvé les tableaux délicieux de la Nature, l'ami fenfible & hofpitalier, le pere vertueux, la tendre mere, l'amour filial, les charmes de l'innocence : mais non, ils étoient trop vicieux pour ofer approcher la vertu.

Citoyens, l'empire de la fageffe eft tel, que la femme

A iv

entourée des vertus qui font sa gloire, confond d'un regard, d'un mot, le téméraire ou l'homme sans pudeur qui a osé former sur elle des projets criminels; il rougit & court cacher au loin sa honte & son dépit.

Ah ! sans doute nous verrons régner la décence, cette fille des mœurs : le jeune Citoyen s'observera davantage sur le choix de ses expressions; il s'abstiendra de ces mots qui étoient si familiers à nos jeunes Muscadins, & qui blessoient les oreilles délicates & offençoient la pudeur. Il apportera dans son maintien cette simplicité, cette urbanité, cette franchise, cette fierté même qui siéent si bien à la vertu, & qui caractérisent un vrai Républicain. Il fera dire de lui : Voilà un homme estimable, car il s'estime lui-même, & sait estimer les autres ; il s'observera sur-tout davantage auprès de ce sexe à qui la Nature semble avoir accordé de préférence les graces & les vertus aimables : la candeur, la décence d'une jeune Citoyenne lui diront, s'il est vertueux, que toutes ses qualités, que son innocence doivent être respectées, & qu'elle n'a tant de vertus en partage que pour les confier sans tache à l'honnête homme qui doit partager ses destinées. Plus elle lui inspirera de tendres sentimens, plus il doit craindre de l'offenser, ou plutôt de l'outrager.

Loin de moi cependant l'idée de ramener mes Concitoyens à cette politesse, à cette flagornerie, à ce choix d'expressions affectées qui n'étoient que bassesse ou mensonge ! Un Républicain est honnête quand il dit à l'homme vertueux, je t'estime ; à l'homme vicieux, je ne puis t'eſtimer, tu n'es pas un homme de bien.

L'égalité, la fraternité apprendront à tous les Citoyens que les François ne font qu'une même famille; qu'outrager un membre de la Société, c'eſt l'outrager toute entiere. Les mœurs & la bonne éducation feront qu'on ne verra plus dans les places publiques les enfans ſe quereller, ſe diſputer dans leurs jeux : on ne les verra plus inſulter aux paſſans qui leur donnent des avis & les exhortent à l'union & à la concorde. Les mœurs apprendront encore à tous les Citoyens qu'ils doivent honorer la vieilleſſe ; ſon expérience, ſes avis font ſalutaires, & peuvent nous guider ſûrement dans les ſentiers de la vertu.

Quel ſpectacle touchant, que de voir un vieillard Patriote courbé ſous le poids des années, ſoulever ſa tête reſpectable, jeter un regard d'intérêt ſur tout ce qui l'environne ! Tout ce qu'il va nous dire eſt pour notre bien. Il s'efforce de guider notre inexpérience par de ſages conſeils, de nous apprendre à nous mettre en garde contre nos paſſions ; il s'applique à nous peindre les dangers qu'il a courus, à nous donner les moyens d'éviter les malheurs dans leſquels ſa témérité & la fougue de ſes paſſions l'ont entraîné. C'eſt un Dieu tutélaire, dont le ſeul déſir eſt d'être utile à ſes ſemblables : c'eſt un homme échappé du naufrage, qui nous enſeigne les chemins ſûrs pour arriver au bonheur. Il ſemble nous dire : » Je veille ſur votre jeuneſſe pour
» la préſerver de tous les dangers qui l'environnent ;
» aidez ma foible vieilleſſe ; ayez l'air de vous inté-

» rester à moi ; n'empoisonnez point de chagrins les
» derniers momens de ma vie : un instant de bonheur
» que vous me raviriez, seroit un siecle pour moi.
» Vous avez de longues années à parcourir ; ne trou-
» blez pas celui qui n'a que quelques heures à vivre «.

Je compare ceux qui tourmentent la vieillesse au lieu de la respecter, à ces riches insatiables qui, loin de soulager le pauvre, cherchent encore à lui enlever le peu qui lui reste.

Déjà des Loix bienfaisantes ont détruit l'agiotage, cet hydre destructeur ; elles ont mis des bornes à l'avidité du Propriétaire, du riche Négociant : mais avec le secours des mœurs, leur influence sera plus rapide ; car l'honnête homme devine les Loix républicaines ; elles sont déjà dans son cœur avant qu'elles soient promulguées.

Le riche Propriétaire ne cherchera plus à porter à un prix excessif les denrées de premiere nécessité, & pensera que quoique sa terre soit sa propriété, il doit compte à la Société de ses productions.

Le Marchand ne doit plus chercher à s'enrichir aux dépens du bonheur public ; il ne doit plus s'occuper d'amasser des richesses scandaleuses. L'honnête Négociant, le bon Citoyen ne doit-il pas se trouver heureux lorsqu'il a pu concourir, au meilleur marché possible, à l'approvisionnement d'une Cité, lorsque ses peines ont été payées par un bénéfice qui répand dans son commerce & dans sa maison une heureuse aisance ? Ne doit-il pas être content de lui, lorsqu'il pense qu'il n'a point à se reprocher des gains illicites, & qu'il a contribué de tout son pouvoir à répandre l'abondance & à procurer à ses freres une existence facile ? La reconnoissance de ses Concitoyens ne met-elle pas alors le comble à sa félicité ?

L'Artiste, l'Artisan ne doit plus calculer le prix de son travail sur le besoin qu'on peut en avoir, ou sur ses plaisirs ; il faut que le prix de sa journée soit proportionné à ses besoins, à ceux de sa famille ; il faut que son travail soit réglé comme sa conduite, & que s'il gagne au delà de ses besoins, qu'une sage économie le porte à réserver son petit superflu pour, dans des cas imprévus, venir au secours de sa patrie, pour établir ses enfans, & préparer un secours à sa vieillesse.

Avec quelle reconnoissance les François ont-ils accueilli la Loi qui proscrit la mendicité ! L'homme ne se dégradera plus à mendier sa subsistance à son semblable. L'oisiveté, la paresse ou la débauche n'assiégeront plus sur son passage l'homme vigilant & laborieux qui, par bonté, se privoit de son nécessaire & partageoit le fruit de son travail avec celui qu'il croyoit indigent. Des Etablissemens publics procureront des secours assurés aux vieillards indigens & aux infirmes ; l'homme qui aura éprouvé des revers y trouvera du travail & des subsistances. Voilà les vraies Loix de l'Egalité : elles nous apprennent que nous sommes tous freres, & que nous devons tous jouir du bonheur commun.

On nous parloit autrefois du luxe comme nécessaire

à la prospérité d'un Empire. Sans doute un certain luxe convient à une République, mais le luxe utile, & non le luxe faux & corrupteur : le superflu fait le luxe, & l'emploi du superflu distingue le luxe utile du luxe dangereux.

Il y avoit du luxe à Athenes lorsque Périclès faisoit subsister sa famille avec des légumes, & qu'en même temps il bâtissoit des Temples & élevoit des Monumens publics pour l'ornement & l'utilité de sa Patrie. Le luxe utile n'est que l'art d'employer à faire du bien aux pauvres, les richesses qui ne sont pas nécessaires au besoin du riche : c'est de concourir de tout son pouvoir à des Etablissemens utiles à la prospérité de l'Etat & au bonheur de tous. Voilà le luxe qui convient à une République.

Le luxe dans les habillemens est tombé peut-être à un degré trop forcé ; car la simplicité va quelquefois jusqu'à l'extrême négligence, & le Citoyen vêtu de lambeaux devient aussi suspect que l'homme aisé qui affecte une trop grande simplicité. Le premier annonce au moins une grande paresse ou peu d'ordre dans sa conduite ; le second cache souvent un traître, qui prend le masque du patriotisme pour mieux cacher ses desseins perfides. Le vrai Républicain se montre tel qu'il est, & fait concilier la simplicité dans ses vêtemens avec la propreté. Nous pouvons, à cet égard, prendre nos Législateurs pour modeles. Les mœurs nous apprendront à éviter tous les excès : ce sont elles qui font les mariages fideles & féconds ; qui d'un pere robuste

& d'une mere sage, font naître des enfans sains & robustes comme eux ; elles leur font sucer, avec le lait de leur propre mere, la tendresse & la santé. Dans le cours d'une éducation vigilante & sage, après avoir écarté du berceau les dangers, elles écartent de l'adolescence les plaisirs prématurés & destructeurs, & les passions honteuses. Sous la garde des mœurs, les forces s'accumulent dans un corps qui se déploie sans contrainte & sans efforts ; l'ame se perfectionne en même temps, & bientôt l'homme est tout entier. Un tel être est seul capable de sentir tout ce qui est honnête, d'exécuter tout ce qui est difficile, & d'oser tout ce qui est dangereux. Voilà le grand courage ; car plus le corps s'endurcit & l'ame se passionne, plus le courage est grand : alors il n'est point d'action sublime que l'homme ne puisse atteindre. Dans des corps robustes, mettez l'amour ardent de la Patrie, vous aurez des François de Lille & de Jemmapes ; que dis-je ? vous n'aurez que des François ; car les vrais François sont égaux en vertus & en courage.

Citoyens, j'ai peut-être tardé trop long-temps à vous observer que les mœurs, les vertus républicaines ont jeté les premiers fondemens de leur empire dans nos armées. Combien de traits de valeur & d'héroïsme nous sont offerts tous les jours par nos généreux défenseurs ! C'est avec le secours des mœurs, c'est avec une confiance respectueuse dans notre Gouvernement, qu'ils observent une si exacte discipline, qu'ils ont purgé l'armée de tous les traîtres, de tous les lâches, qu'ils combattent avec tant de vaillance, qu'ils font si grands dans les combats, si généreux après la victoire. Ils sentent que c'est à tout cela qu'ils doivent leur triomphe : leur histoire sera un code de morale admiré par tous les siecles.

Tendres & vertueuses meres, c'est à vous que je m'adresse : ce n'est pas tout de donner des enfans à la Patrie, il faut qu'ils soient tous dignes d'elle. Avec les mœurs vous cultiverez en eux les germes de toutes les vertus, de tous les talens qui naissent avec nous. Autrefois vous étiez découragées dans vos soins, parce que tout votre espoir se bornoit à faire de vos enfans un Artisan, une Ouvriere : mais songez qu'aujourd'hui votre fils a d'autres destinées ; qu'en cherchant à développer toutes ses facultés, son génie ne sera pas arrêté par des maîtrises & des priviléges, qu'il est destiné peut-être à éclairer son pays comme Ecrivain, à diriger nos Cités comme Magistrat, à faire triompher les armes de la République, & guider un jour ses freres d'armes au combat ; enfin qu'il peut, comme Législateur, coopérer un jour à donner des Loix à l'Univers : car nos Loix, fondées sur la plus pure Morale & sur la Nature, doivent étendre leur influence sur tout ce qui respire. Portez un soin particulier à l'éducation de vos filles ; songez que comme vous elles doivent donner des défenseurs à la Patrie : c'est encore avec les mœurs que vous dirigerez efficacement leur penchant naturel à la vertu. Souvenez-vous qu'une jeune personne est une fleur que le moindre souffle impur peut flétrir : la décence & la pudeur doivent être ses plus cheres compagnes. Il faut à un Républicain une femme pure, décorée de tous les ornemens de son sexe, parce que le Républicain fait cas de la vertu. Quelle est celle que choisira pour compagne le Héros, le grand Homme qui aura bien mérité de sa Patrie ? Ce ne sera pas la plus belle ; ce sera la plus vertueuse. Elevez donc vos filles de maniere à les rendre dignes de partager la gloire & les destinées d'un vrai Républicain.

Ils sont passés ces temps où vous étiez entourées de tant de séducteurs, qui employoient tous les instans de leur vie, à force d'or & de ruses, à faire triompher le vice & corrompre la vertu. Le vice est disparu avec l'esclavage ; des Loix sages, mais séveres, l'ont chassé pour toujours de la terre de la Liberté. Le vaisseau de l'Etat, si long-temps tourmenté par les tempêtes, est dirigé maintenant par des mains pures & savantes qui, secondées par la toute-puissance du Peuple, après avoir renversé tous ceux qui s'opposoient à sa course, parviendront bientôt à l'amener paisiblement au port, & feront jouir tous ceux qui les ont secondés dans leurs pénibles travaux, du bonheur qui leur est réservé.

Déjà nous sommes des hommes nouveaux, & les mœurs & l'instruction publique vont nous perfectionner à tel point, que nous serons ce que nous devons être, c'est-à-dire généreux, vaillans, magnanimes, heureux, & serviront de modeles à tous les Peuples.

Vive la République ! vive la Montagne !

EXTRAIT du Procès-verbal de l'Assemblée générale de la Section Chalier, Séance du Décadi 30 Germinal, l'An second de la République Françoise, une & indivisible.

Appert, l'Assemblée générale, après avoir entendu la lecture faite par un de ses Membres, d'un Discours sur les mœurs & les vertus républicaines, en a arrêté l'impression & la mention civique en son Procès-verbal, & pareille mention à l'égard d'un autre de ses Membres qui a offert le papier nécessaire pour ladite impression.

Pour Extrait conforme,

J. M. CALONNE, Secrétaire.

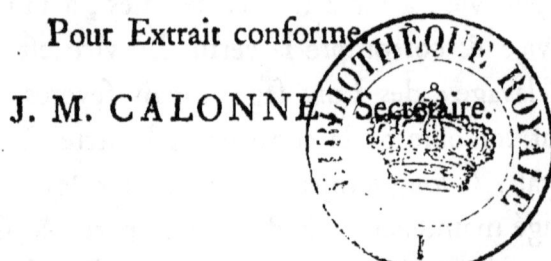

De l'Imprimerie de Moutard, rue Chalier, N°. 334.

www.ingramcontent.com/pod-product-compliance
Lightning Source LLC
Chambersburg PA
CBHW061620040426
42450CB00010B/2576